BEI GRIN MACHT SICH IHR WISSEN BEZAHLT

- Wir veröffentlichen Ihre Hausarbeit, Bachelor- und Masterarbeit
- Ihr eigenes eBook und Buch - weltweit in allen wichtigen Shops
- Verdienen Sie an jedem Verkauf

Jetzt bei www.GRIN.com hochladen und kostenlos publizieren

Bibliografische Information der Deutschen Nationalbibliothek:

Die Deutsche Bibliothek verzeichnet diese Publikation in der Deutschen Nationalbibliografie; detaillierte bibliografische Daten sind im Internet über http://dnb.d-nb.de/ abrufbar.

Dieses Werk sowie alle darin enthaltenen einzelnen Beiträge und Abbildungen sind urheberrechtlich geschützt. Jede Verwertung, die nicht ausdrücklich vom Urheberrechtsschutz zugelassen ist, bedarf der vorherigen Zustimmung des Verlages. Das gilt insbesondere für Vervielfältigungen, Bearbeitungen, Übersetzungen, Mikroverfilmungen, Auswertungen durch Datenbanken und für die Einspeicherung und Verarbeitung in elektronische Systeme. Alle Rechte, auch die des auszugsweisen Nachdrucks, der fotomechanischen Wiedergabe (einschließlich Mikrokopie) sowie der Auswertung durch Datenbanken oder ähnliche Einrichtungen, vorbehalten.

Impressum:

Copyright © 2018 GRIN Verlag
Druck und Bindung: Books on Demand GmbH, Norderstedt Germany
ISBN: 9783668960633

Dieses Buch bei GRIN:

https://www.grin.com/document/477592

Florian Harkämper

Die Würde des Menschen im Nationalsozialismus. Die Rassenlehre und Erschaffung eines Feindbildes

GRIN Verlag

GRIN - Your knowledge has value

Der GRIN Verlag publiziert seit 1998 wissenschaftliche Arbeiten von Studenten, Hochschullehrern und anderen Akademikern als eBook und gedrucktes Buch. Die Verlagswebsite www.grin.com ist die ideale Plattform zur Veröffentlichung von Hausarbeiten, Abschlussarbeiten, wissenschaftlichen Aufsätzen, Dissertationen und Fachbüchern.

Besuchen Sie uns im Internet:

http://www.grin.com/

http://www.facebook.com/grincom

http://www.twitter.com/grin_com

Fachhochschule für öffentliche Verwaltung NRW
Abteilung Duisburg
Studienabschnitt Hauptstudium 1
Fachbereich Polizei
Modul HS 1.4

Die Würde des Menschen im Nationalsozialismus– Die Rassenlehre und Erschaffung eines Feindbildes

Florian Harkämper

Kurs: DU P 17/07

Einstellungsjahrgang: 2017

Abgabedatum: 06.12.2018

Inhaltsverzeichnis

1 Einleitung 3

2 Der Aufstieg der Nationalsozialisten 4

3 Die Menschenwürde als Grundrecht 5

4 Adolf Hitlers Leitbild 6

5 Nationalsozialistische Anschauungen. 7

    5.1 „Mein Kampf" 7

    5.2 Das „Reichsbürgergesetz" 8

    5.3 Das „Gesetz zum Schutze des deutschen Blutes und der deutschen Ehre" 8

6 Euthanasie 9

    6.1 Feindbild 11

7 Moral 13

8 Fazit 14

9 Literaturverzeichnis 15

1 Einleitung

Heute vor ca. 85 Jahren begannen die ersten Schritte des Aufstieges der Nationalsozialisten. Fast ein ganzes Jahrhundert entfernt, und das Thema um Feindbilder, Diskriminierung und Fremdenhass ist so aktuell wie nie. Antisemitismus und eine wahllose Etikettierung der Flüchtlinge scheinen gerade quasi in Mode zu sein. Soziale Medien, die Presse oder politische Parteien schnüren ihre eigene Meinung um die Wahrheit herum. Flüchtlingsobergrenze, Abschiebungen, gezielte Unterbringung in Heimen mit schwerwiegender Integration in die Gesellschaft, sind Folgen des Flüchtlingszustroms, der 2015 begann.

Auch heute sind wir noch weit davon entfernt, zu behaupten alles um den Nationalsozialismus herum zu wissen. Die Aufarbeitung und Auseinandersetzung mit dem „Dritten Reich" dauert an, und ist noch nicht abgeschlossen.

Wie sah das Ganze in der Zeit des Nationalsozialismus aus? Wie wurde mit anderen Menschen, die scheinbar nicht in der Gesellschaft willkommen, waren umgegangen? Die Rede ist von integrierten Menschen, die von heute auf Morgen zu Ausgeschlossenen wurden. Aus Freund wird Feind. Aus willkommenem Nachbarn wird Überwacher, bei Jenem ich nicht mehr weiß wie er zu mir steht. Als Leitfaden, der sich durch die komplette Ausarbeitung zieht, habe ich mir die Würde und Moral auserwählt.

Im Anschluss an die Themennahbringung, mit Vermittlung kurzen Hintergrundwissens, versuche ich mich an der Definition von Würde! Darauffolgend werden Auszüge aus Adolf Hitlers „Mein Kampf" sowie einzelne Gesetzgebungen folgen, in welchen wortwörtlich der Umgang mit Juden thematisiert wird. Warum wurden die Juden segregiert, was für einen Maßstab setzen die Nationalsozialisten um zu zeigen wer des Lebens wert war. Geläufig ist das Bild des Ariers, des vollkommenen Menschen, wie begründeten die Nationalsozialisten dieses Leitbild, mit dem Ziel einer vollkommenen Weltherrschaft? Ein kurzer Exkurs wird auf die unmenschliche Giftgastötung mit dem verherrlichenden Namen „Euthanasie" gewährt.

Die Thematik der Würde und der Moral wird sich über die komplette Ausarbeitung ziehen, im Raum steht die Frage wie man selber gehandelt hätte. Setzt man sein Leben über eines, fünf, zehn, zwanzig der Anderen? Oder steht man für seine Sache ein, und opfert sich guten Gewissens? Auch die Rolle der Gesellschaft wird angerissen.

Abschließend erhoffe ich mir das Ziel dem Leser Wissen, Einblicke und auch Begründungen zu der Denkweise und dem Handeln der Nationalsozialisten, vor allem was die Rassenlehre angeht, nahegebracht zu haben.

2 Der Aufstieg der Nationalsozialisten

Als kurze Hintergrundinformationen gilt es zu wissen, wie es zum Aufstieg der Nationalsozialisten unter Adolf Hitler kam, welcher am 30. Januar 1933 zum Reichskanzler ernannt wurde, was ihm nun eine Bandbreite an Möglichkeiten bot seine Politischen/ kulturellen Vorstellungen vollends zu verwirklichen. Um mit allen Tatsachen, den Umschwung betreffend, zu begründen fehlen mir die schriftlichen Kapazitäten, nichtsdestotrotz möchte ich im Folgenden den wesentlichsten Punkte kurz Einhalt gebieten.

Die Basis bildete der Sieg Hitlers als Führer der Nationalsozialistischen Deutschen Arbeiterpartei (NSDAP) der Wahlen und der folgenden Betrauung mit dem Kanzleramt durch Hindenburg. Bavajs (2016, S.15) Ausgangspunkt waren die Wähler, die bei den vermeintlich letzten wirklich freien Wahlen der NSDAP 37,3 Prozent der Stimmen gaben, und die das bis dahin beste Ergebnis bei einer Weimarer Reichstagswahl erzielen konnten. Gründe hierfür lieferten u.a. Arbeitslose, welche von den Sozialdemokraten wegzogen, sowie ältere Menschen und Frauen, die sich zu der Endzeit der Weimarer Republik immer mehr zu den Nationalsozialisten hingezogen fühlten. Somit stellt sich hier auch übergreifend die Frage inwieweit ein zumindest nicht allzu kleiner Teil der Gesellschaft, ggf. auch mittels Propaganda mit dem nationalsozialistischen Gedankengut übereinstimmte.

Die Weltwirtschaftskrise, mit ihrem Höhepunkt an dem sogenannten „Black Friday", im Oktober des Jahres 1929 trug ebenfalls ihren nicht minder geringen Teil bei.

Wirsching (2001, S.51-55) beschreibt die Grundzüge und Ausmaße der Präsidialregierungen. Heinrich Brüning (erster Reichskanzler des Präsidialkabinetts und Zentrumspolitiker) versuchte mittels, im Nachhinein nicht wirkenden, nationalen Sparmaßnahmen und Aufzeigen mangelnder Zahlungskraft der Reparationskosten an die Siegesmächte des ersten Weltkrieges, die Folgen der Wirtschaftskrise zu beseitigen. Ein Punkt des am Kriegsende unterschriebenen Versailler Friedensvertrag. Sein Nachfolger, der politisch gleichgesinnte Franz von Papen, hielt es ebenfalls nicht lange im Amt und wurde nur wenige Monate nach seiner Ernennung aufgrund von politischen Disparitäten mit Hindenburg, zum Rücktritt gezwungen. Der letzte Reichskanzler der Präsidialregierungen, General Kurt von Schleicher versuchte final Teile der NSDAP an der Regierung zu beteiligen, um ein Machtvakuum zu verhindern und sich eine prozentuale Mehrheit im Parlament zu schaffen. Jedoch unter erneutes Hervortreten von Papens in Kooperation mit seinen konservativen Partnern hievten sie Adolf Hitler anstelle von Schleicher an die Macht mit der leichtsinnigen Idee ihn zähmen zu können.

3 Die Menschenwürde als Grundrecht

Heute ist die Menschenwürde fest im Grundgesetz der Bundesrepublik Deutschland verankert. Im Artikel 1 Absatz 1 wird sie wortwörtlich erwähnt. „Die Würde des Menschen ist unantastbar. Sie zu achten und zu schützen ist die Verpflichtung aller staatlichen Gewalt."
Was ist Würde? Wann wird sie verletzt? Von wann bis wann existiert sie? Sind es die sozialen Werte und jeweiligen Achtungsansprüche des einzelnen Individuums oder auch der einfach respektvolle Umgang. Es könnte so einfach, aber auch so schwer sein mit der „Formel": Sobald der Mensch zum Objekt staatlichen Handelns gemacht wird, ist die Würde verletzt.

Immanuel Kant (1956, S.600) erklärt die Menschenwürde wie folgt:

> „Dinge sind wertvoll, wenn wir sie brauchen können. Ein Schuh ist zum Beispiel wertvoll, wenn er passt und man mit ihm gut laufen kann. Wenn der Schuh kaputt ist und niemand mehr mit ihm laufen kann, hat er keinen Wert mehr. Bei Menschen ist das anders: Der Mensch hat immer einen Wert. Auch wenn er krank ist. Auch wenn er nicht arbeiten kann."

Der Mensch begründet den Besitz von Würde mittels Autonomie und Dasein.

Höffe gibt in seinem „Lexikon der Ethik" in einem Ausblick auf die Menschenwürde mit seiner Definition, und weiteren Begriffen, die im Verlauf noch von Belang sein werden. Die „M.W. ist ein Superlativ, der sich weder steigern noch abschwächen läßt [sic!], überdies jedem Menschen vor allen individuellen Leistungen unverlierbar zuvorkommt" (2008, S.202). Im Weiteren beschreibt er, dass die Menschenwürde eine „Anerkennung durch die Mitmenschen u. die Rechtsordnung" (S.203) braucht. Interessanterweise muss hier ein Blick auf den Begriff der Rechtsordnung geworfen werden. Denn eine Rechtsordnung erkennt dem einzelnen Menschen angeborene und unveräußerliche Grundrechte an. Weder das Judentum, noch das Christentum oder Islam machen das. Demnach war es vor allem bei den letztem beiden genannten kein Novum, dass die Sklaverei über Jahrhunderte präsent und vorherrschend war (ebd.).

Höffes Auffassung nach (2008, S. 122 f.) sind die Grundrechte, bzw. Menschenrechte, unantastbar und angeboren, sowie weder zeitlich noch räumlich begrenzt. „Die erste Phase der Entwicklung der G. war bestimmt von der rechtlichen Emanzipation des Individuums von staatlicher Gewalt u. willkürlicher Herrschaft (ebd.)". Im Weiteren sind die Grundrechte mittels staatlichen Organisationsprinzipien gegen ihren Missbrauch zum Kampf gegen die freiheitlich- demokratische Grundordnung geschützt. „Würde, Freiheit u. Leben haben als Grundnormen absoluten Wert, fließen in alle G. als Geltungskriterien mit ein u. verleihen ihnen eine Legitimationsbasis" (ebd.).

4 Adolf Hitlers Leitbild

Versucht man den Lebenslauf Hitlers durchzugehen so lässt sich als Fundament seine persönlichen Erfahrungen nennen. „Hitlers Antisemitismus als Reaktion auf seine Weltkriegserfahrung zu deuten schien Historikern plausibel, weil sich der Antisemitismus während des Krieges deutlich ausweitete" (Bavaj, 2016, S.50). Mit dem Ende der 1910er Jahre besuchte er an der Uni in München Lehrveranstaltungen, die „in mancher Hinsicht einem Crashkurs in völkischer Gesinnung ähnelten – Ausbildungsziel: Antisemit" (Bavaj, 2016, S.51). So kam es dann auch 1919 zu der ersten schriftlichen Forderung „die jüdische >>Rassentuberkulose der Völker<< sowohl mit Hilfe von >>Fremdengesetzgebung<<, also mittels Entrechtung zu bekämpfen, als auch durch >>Entfernung der Juden überhaupt<< im Keim zu ersticken" (Bavaj, 2016, S.50). Dies wird auch in den noch folgenden Gesetzesauszügen deutlich. „Dem >>raffenden Kapital<< des >>Jüdischen Wuchers<< stellte Hitler das >>schaffende Kapital<< des >>Rassen und Volksstaates<< gegenüber" (Bavaj, 2016, S.52).

Die Devise „[...] auf dem imperialistischen Weg zur nazistischen Weltherrschaft habe das Judentum als Hindernis beseitigt werden müssen [...]" (Kogon et al., 1983, S.288), schien mit eines der Primärziele Hitlers und selbsterklärend auch später der Nationalsozialisten gewesen zu sein. „Berufen zur Herrschaft sei die >>arische Rasse<<" (Kogon et al., 1983, S.291).

> „Was die Alleinschuld Hitlers betrifft, so lässt diese Theorie völlig außer acht, daß [sic!] einerseits nicht er der Erfinder des Rassismus war, und daß [sic] andererseits die Ausführung der Verbrechen ohne die aktive Mitwirkung der im gesamten Staatsapparat Mitverantwortlichen unmöglich gewesen wäre" (Kogon et al., 1983, S.289).

So haben sich „[...] ungezählte Deutsche als Beamte, sehr viele als Juristen, sich den Nationalsozialisten zur Verfügung gestellt [...]" (Kogon et al., 1983, S.298). Jene, die nicht die Ansichten der Nationalsozialisten teilten, hatten Angst sich zu wehren oder gar als >>Judenfreund<< dazustehen. Die Konsequenzen eines offenen Widerstandes oder gar einer opportunistischen Meinungsäußerung schienen für sie klar zu sein (ebd.).

Antisemitischen Äußerungen hatte sich bereits im 19. Jahrhundert u.a. der Kulturpolitiker Paul de Legarde bedient; „Es gehört ein Herz von der Härte der Krokodilhaut dazu, [...] um die Juden nicht zu hassen [...], dies wuchernde Ungeziefer zu zertreten. Mit Trichinen und Bacillen [sic!] wird nicht verhandelt" (Legarde, 1887, S.339 zitiert in Kogon, 1983, S.292 f.) Er war nur einer von mehreren die sich vor dem nationalsozialistisch feindlich gegenüber den

Juden geäußert haben. Hitler griff einige Sachen auf, auch seine Erkenntnisse aus der Studienzeit an der Uni München, komprimierte es und formte sein eigenes Bild.

5 Nationalsozialistische Anschauungen

Ab wann waren nun, beginnend in der Zeit der Weimarer Republik, die öffentlichen und für jedermann zugänglichen Ideologien und Prinzipien der NSDAP erkennbar? Ab den ersten Parteiprogrammen, u.a. zur Reichstagswahl 1920 (Feder, 1935, S. 17)? In jenem heißt es nämlich (was in den beiden im Folgenden vorgestellten Gesetzen von 1935 ebenfalls wiederzufinden ist), dass; 4. „Staatsbürger kann nur sein, wer Volksgenosse ist. Volksgenosse kann nur sein, wer deutschen Blutes ist, ohne Rücksichtnahme auf Konfession. Kein Jude kann daher Volksgenosse sein." Oder erst, als Hitler sein erstes Buch „Mein Kampf" 1925 veröffentlichte? Sein zweites Buch erschein erst später, Mitte der 30er Jahre. Eine gesetzliche Ausprägung mit expliziten Niederschriften in Wort lassen sich auch vom 15. September 1935 zu Rate ziehen, hier entstanden das „Reichsbürgergesetz" und das „Gesetz zum Schutze des deutschen Blutes und der deutschen Ehre". Vor allem das letztgenannte Gesetz weißt, wie wir im Folgenden sehen werden, auf eine dogmatische Stereotypisierung hin. Einleitend werden einzelne Teile aus Hitlers erstem Buch nun vorgestellt.

5.1. Auszüge aus Hitlers Buch „Mein Kampf"

a) „Der Jude":

Siegt der Jude mithilfe seines marxistischen Glaubensbekenntnisses über die Völker dieser Welt, dann wird seine Krone der Totenkranz der Menschheit sein, dann wird dieser Planet wieder wie einst vor Jahrmillionen menschenleer durch den Äther ziehen. Die ewige Natur rächt unerbittlich die Übertretung ihrer Gebote. So glaube ich heute in der Sonne des allmächtigen Schöpfers zu handeln: Indem ich mich des Juden erwehre, kämpfe ich für das Werk des Herrn.

b) „Volk und Rasse":

Schon die oberflächlichste Betrachtung zeigt als nahezu ehernes Grundgesetz all der unzähligen Ausdrucksformen des Lebenswillens der Natur ihre in sich begrenzte Form der Fortpflanzung und Vermehrung. Jedes Tier paart sich nur mit einem Genossen der gleichen Art. [...] Die Folge dieses in der Natur allgemein gültigen Triebes zur Rasseneinheit ist nicht nur die scharfe Abgrenzung der einzelnen Rassen nach außen, sondern auch ihre gleichmäßige Wesensart in sich selber. [...] So wenig sie [= die Natur] aber schon eine Paarung von schwächeren Einzelwesen mit stärkeren wünscht, so viel weniger noch die Verschmelzung höherer

Rasse mit niederer, da ja andernfalls ihre ganze sonstige, vielleicht jahrhunderttausendlange Arbeit der Höherzüchtigung mit einem Schlage wieder hinfällig wäre. Die geschichtliche Erfahrung bietet hierfür zahllose Belege. Sie zeigt in erschreckender Deutlichkeit, dass bei jeder Blutsvermengung des Ariers mit niedrigeren Völkern als Ergebnis das Ende des Kulturträgers herauskam. [...] Den gewaltigsten Gegensatz zum Arier bildet der Jude.

Die wortgetreuen Auszüge (Hitler, 1942, S.69f., 31ff., zitiert nach: Laschewski- Müller u. Rau, 2013, S.435) zeigen bereits früh die perfide Denkweise Hitlers. Als Führer der NSDAP ein solches Buch zu publizieren, in der Vorzeit der Machtübernahme, hätte der Bevölkerung, aber auch von Papens/ Hindenburgs bei dem Rückgriff auf Hitler als Reichskanzler, sehr stark zu denken geben müssen. Jene Teile aus Hitlers ersten Buch zeigen schon die auch in der weiteren Betrachtung folgenden Gesinnung und Ausrichtung der NSDAP.

5.2 Das „Reichsbürgergesetz"

Im Folgenden wird ein Blick auf die beiden Rassengesetze des „Reichsparteitages der Freiheit" in Nürnberg vom 15. September 1935 geworfen. Jene sind auch unter dem Namen „Nürnberger Gesetze" bekannt (Laschewski- Müller u. Rau, 2013, S.435).

§ 1 (1) Staatangehöriger ist, wer dem Schutzverband des Deutschen Reiches angehört und ihm dafür besonders verpflichtet ist. (2) Die Staatsangehörigkeit wird nach den Vorschriften des Reichs- und Staatsangehörigengesetzes erworben.

§ 2 (1) Reichsbürger ist nur der Staatsangehörige deutschen oder artverwandten Blutes, der durch sein Verhalten beweist, dass er gewillt und geeignet ist, in Treue dem Deutschen Reich zu dienen. [...] (3) Der Reichsbürger ist der alleinige Träger der vollen politischen Rechte nach Maßgabe der Gesetze.

Hitler hatte 1925 in seinem Buch bereits festgestellt, dass der Jude einen gewaltigen Gegensatz zum Arier bildet und es somit unmöglich sei, eine Vermischung arischen Blutes mit niedriger bemessenem hinzunehmen. Die Nürnberger Gesetzte bieten somit eine vollendete gesetzliche Legitimation zur Ausgrenzung der Juden.

5.3 Das „Gesetz zum Schutze des deutschen Blutes und der deutschen Ehre"

Richtig konkret wird es dann in den weiteren Paragraphen, in denen das „Problem" beim Wort genannt wird. Es soll die Reinhaltung arischen Blutes und des guten Rufes des deutschen Volkes gewährleisten.

§ 1 (1) Eheschließungen zwischen Juden und Staatsangehörigen deutschen oder artverwandten Blutes sind verboten. Trotzdem geschlossene Ehen sind nichtig, auch wenn sie zur Umgehung dieses Gesetzes im Ausland geschlossen sind. [...]

§ 2 Außerehelicher Verkehr zwischen Juden und Staatsangehörigen deutschen oder artverwandten Blutes ist verboten.

§ 3 Juden dürfen weibliche Staatsangehörige deutschen oder artverwandten Blutes unter 45 Jahren in ihrem Haushalt nicht beschäftigen.

§ 4 (1) Juden ist das Hissen der Reichs- und Nationalflagge und das Zeigen der Reichsfarben verboten. [...]

§ 5 (1) Wer dem Verbot des § 1 zuwiderhandelt, wird mit Zuchthaus bestraft. (2) Der Mann, der dem Verbot des § 2 zuwiderhandelt, wird mit Gefängnis oder dem Zuchthaus bestraft. (3) Wer den Bestimmungen des §§ 3 oder 4 zuwiderhandelt, wird mit Gefängnis bis zu einem Jahr und mit Geldstrafe oder mit einer dieser Strafen bestraft.

Ziemlich deutlich wird hier die totale Ausgrenzung der Juden innerhalb der deutschen Gesellschaft. Ihnen wird jegliche Form der Beteiligung innerhalb der Gesellschaft zu Nichte gemacht, und die Nationalsozialisten wollen auf keine Art und Weise, den Juden nur die geringste Möglichkeit zu geben sich mit dem Deutschen Reich identifizieren könnten.

6 Euthanasie

Erste Sichtweisen wurden nun einleitend festgestellt und werden im Weiteren auch noch ausführlicher erläutert. Bevor es jedoch darauf hinausläuft, stelle ich noch das menschenunwürdige Tötungsverfahren vor, welches die Nazis unter dem Begriff der Euthanasie versuchten zu beschönigen. Eigentümlich, und in der Regel heute noch, meint das aus dem Alt-Griechisch stämmigen Wort „Sterbehilfe" (Schneider & Toyka- Seid, 2018). Ursprünglich „Gemeint ist die Erleichterung des Endes eines mit Sicherheit und auf qualvolle Weise verlöschenden Menschenlebens" (Kogon et al., 1983, S.27).

Höffe (2008, S.193) beschriebt unter dem Begriff „medizinische Ethik" Teilaspekte (des ärztlichen Ethos), die als Grundlage beim ärztlichen Arbeiten im Gesundheitswesen dient. Er nennt als sittliches Handeln das prinzipielle Verbot des Schadens (sil nicere), sowie das Recht des Einzelnen auf Selbstbestimmung in Form von Autonomie. Im Weiteren begründet er die Grundprinzipien der Nächstenliebe, sowie der Achtung der Menschenwürde.

Missbraucht wurde das Verfahren im Nationalsozialismus durch Massenmorde, versuchen an Menschen, fragwürdigen Experimenten, und mittels Giftgases innerhalb von Gaskammern in Konzentrations- und Vernichtungslagern (Kogon et al., 1983, S.9). „Über den Personenkreis von wirklich und von angeblichen Geisteskranken hinaus [...] sind Zigeuner, politische Gegner des nationalsozialistischen Regimes sowie als invalid erklärte KZ- Häftlinge, in erster Linie jüdische, vergast worden" (Kogon et al., 1983, S.10), womit jenen das vollkommene Recht auf das Leben abgesprochen wurde.

Vereinzelt wurden Tarnbegriffe zum Vollzug des Verfahrens gebraucht. „Wegen höchster Seuchengefahr wurde am 8.10.1941 mit der restlosen Liquidierung der im Ghetto in Witsbek befindlichen Juden begonnen. Die Zahl der zur Sonderbehandlung gelangenden Juden beläuft sich auf etwa 3000" (Kogon et al., 1983, S.17). In jenem Beispiel wird der Begriff der „Sonderbehandlung", auch SD abgekürzt, zur physischen Vernichtung von Menschen missbraucht. „Als Tarnbegriff für die Vorbereitung und Durchführung von Massentötungen werden die Worte >> Umsiedlung<< und >>Aussiedlung<< [...] ab Herbst 1941 gebraucht" (Kogon et al., 1983, S.24).

Aber zurück zu den Giftgastötungen. Innerhalb verschiedener Euthanasieanstalten (welche früher als Heil- und Pflegeanstalten dienten), wurde sie nach ihrem vermeintlichen Zustand klassifiziert und in unterschiedliche Gruppen aufgeteilt. Bei den meisten Inhaftierten galt es jedoch festzustellen: „Sie litten keine Schmerzen, waren weit überwiegend nicht sterbenskrank und wünschten auch nicht den Tod" (Kogon et al., 1983, S.37).

Bevor es nun zur Giftgastötung kam, wurden die „Kranken" einer ärztlichen Untersuchung vollzogen, jene „diente [...] vor allem dazu, die Kranken zu beruhigen und sie über die anschließenden Maßnahmen zu täuschen sowie Anhaltspunkte für eine fingierte Todesursache zu finden" (Kogon et al., 1983, S.47). Nach der ärztlichen Begutachtung wurden sie in Gruppen bis zu 50 Personen mit Waschzeug ausgestattet und nichts wissend in „[...] die als Dusch- und Inhalationsraum getarnte Vergasungskammern geführt" (Kogon et al., 1983, S.48). Die Kammern wurden in der Folge luftdicht verschlossen und mit dem tödlichen Kohlenmonoxidgas befüllt. Mittels vorher geschaffenen Identifizierungsmaßnahmen, wie unter anderem eine Nummer auf dem Rücken, wurden die Toten in der Folge protokolliert und eingeäschert (Kogon et al., 1983, S.48 f.). Angehörigen wurden mittels einer eigens dafür vorgesehenem Sonderstandesamt über eine fingierte Todesursache benachrichtigt, die Benachrichtigungen fielen unter dem Namen >>Trostbriefe<<. Jegliche in der Regel standardisierten Briefe enthielten die Möglichkeit eine Urne mit der Asche des Hinterbliebenen zu erhalten, mit der Begründung der zeitlichen Dringlichkeit hätte man nicht mehr auf eine Verabschiedung seitens der Familie oder Freunde zurückgreifen können (Kogon et al., 1983, S.50 f.).

Bei jenem kleineren Einblick in eines der menschenverachtenden Tötungsverfahren durch die Nationalsozialisten soll es vorerst bleiben. Täuschungen über ein Unterbringen in Erholungslagern, Tötungen in Gaswagen und Deportationen sind weitere nicht abschließende Maßnahmen mit dem Umgang von Menschen minderwertigen Lebens gewesen. Unter dem Begriff des Holocaust wurden wissentlich sechs Millionen Juden ermordet.

6.1 Feindbild

Für Menschen minderwertigen Lebens wurde ebenfalls in der Folge abwertende Begriffe erschaffen, die jedoch nichts versuchten zu beschönigen. So wurden sie als „>>Ballastexistenzen<<, >>Nebenmenschen<<, >>Defektmenschen<<, >>geistige Tote<<, >>leere Menschenhülsen" (Kogon et al., 1983, S.28f.) betitelt. „An Gedanken wie diese knüpfte Adolf Hitler an, als er in >>Mein Kampf<< schrieb, daß [sic!] die Natur nur die >>die Besten<< als Wert zum Leben auserwähle und >>die Schwachen<< vernichte" (Kogon et al., 1983, S.28). Die Rede ist von einer biologischen Bestenauslese. In der Folge galt es der Bevölkerung nahezubringen, dass man mit dem Vorgehen Recht hat. Mittels einer sogenannten „Kosten-Nutzen-Relation" (ebd.) habe man versucht das Unternehmen zu untermauern und die Sinnhaftigkeit zu verdeutlichen.

„In suggestiver Art wurde in Publikationen, im Rundfunk, mit Hilfe von Filmen sowie in Vorträgen die Frage gestellt, ob es sinnvoll sei, unheilbar Geisteskranke, die im Arbeitsproz eß [sic!] unproduktiv seien und deren Pflege doch oft nur große Kosten verursachte, am Leben zu lassen; es sei doch für sie selbst besser, sie von ihrem Leiden zu erlösen" (ebd.)

Kurzfilme, wie „Die Deutsche Wochenschau", von 1940 bis 1945, als zentralisierte und gleichgeschaltete Nachrichtenquelle, die in der für die Öffentlichkeit auch vor Kinofilmen ersichtlich war, kurbelten Propaganda über u.a. vermeintliche Menschen minderwertigen Lebens zusätzlich an.

Der jungen Generation versuchte man bereits in der Schulzeit, auch durch ausgerichtete Lehr- und Sachbücher das Verhalten zu legitimieren. So folgt nun eine beispielhafte Auflistung von Aufgaben aus einem Mathematikbuch (Dorner, 1936, Aufgabe 5f., zitiert nach Rammler, 2018):

Aufgabe 5

Nach verschiedenen Berechnungen kostet ein Geisteskranker den Staat jährlich rund 1500 RM (Reichsmark), ein Hilfsschüler 300 RM, ein Volksschüler 100 RM und ein Schüler auf mittleren oder höheren Schulen etwa 250 RM. Stelle die Beträge durch Streifen (Geldrollen) dar!

Aufgabe 6

Nach vorsichtigen Schätzungen sind in Deutschland 300 000 Geisteskranke, Epileptiker usw. in Anstaltspflege. Was kosten diese jährlich insgesamt bei einem Tagessatz von 4 RM? Wieviel [sic] Ehestandsdarlehen zu je 1000 RM könnten – unter Verzicht auf spätere Rückzahlungen – von diesem Geld jährlich eingespart werden?

Propagandistisch steht hier im Gegenzug, dieses Mal nichtdiskriminierend, sondern verherrlichend, das wertvolle Erbgut im deutschen Volk. So fasst ein Schulbuchauszug, aus den ersten Jahren des Dritten Reiches, die Beständigkeit des Erbgutes, das Erbgut des deutschen Volkes und die Wertung des mannigfachen deutschen Erbgutes zusammen (o.V., 1935, S.163 f.). „Was in den Keimzellen lebt, was in den Chromosomen schlummert als reiche Erbanlage, das kann auch ein einmal unterlegenes Volk immer noch weiter geben von Geschlecht zu Geschlecht" (ebd.). Folglich mit den durchweg positiven Eigenschaften die einzelnen Rassenbestandteile beschrieben, die das deutsche Volk zusammensetzt. „Die Menschen der nordischen Rasse (etwa 55%) sind ausgezeichnet durch Tatkraft, Willenskraft, Beständigkeit, scharfe Verstand, Gefühlstiefe und reiche Phantasie (künstlerische Begabung)" (ebd.). So werden die einzelnen Bestandteile prozentual angegeben und klassifiziert. Erst die Verschmelzung zu einem machen den Deutschen komplett und es wäre eine Ding der Unmöglichkeit, wenn Bestandteile einer einzelnen Rasse fehlen würden und somit Lücken in das Bild des Deutschen reißen könnten. „Gerade sie ist es [die Vielseitigkeit; Anm. d. Verf.], die unserem Volke die Möglichkeit gibt, auf vielen Gebieten Tüchtiges zu leisten" (ebd.).

So kam es dann, dass mittels Propaganda auf jeglichen Arten der Informationskundgebung die Gesellschaft versucht wurde zu indoktrinieren. Das deutsche Volk sollte keine Empathie gegenüber Menschen anderer Rasse zeigen. Feindseliges Auftreten gegenüber von nicht-arischen Nachbarn, die über Jahre hinweg Freunde gewesen waren, wurde erwünscht. Jegliche Art von Solidarisierung mit Menschen nicht Deutschen Blutes wurde nicht toleriert und wenn es sein musste sanktioniert.

7 Moral

Moral beschreibt im Wesentlichen das Grundverhalten zu den Mitmenschen, der Natur und auch sich selbst gegenüber. Es werden Sinnesstatuten, Überzeugungen und Wertemaßstäbe aufgebaut und durch eigene Handlungen und Verhalten umgesetzt (Höffe, 2008, S.211). So kann es auch Möglichkeiten und Situationen geben, in denen man sich selbst hinterfragen muss, metaphorisch gesehen in den Spiegel schauen, ob man mit dem was man gerade getan hat, oder welche Interessen vertritt im Reinen ist. Die Frage des gesunden Menschenverstandes wird gestellt, und das Gewissen angeregt.

„Nationalsozialismus und Holocaust wurden als Zerstörung des moralischen Gefüges der westlichen Welt und möglicher Rückfall der Menschheit in die Barbarei gesehen, wobei die Moral als kulturelle Sicherheit galt, die Menschen gegen ihre innere Natur durch die Zivilisation aufgezwungen sei" (Bialas & Fritze, 2004, S.23). So wird auch im Weiteren (ebd.) über das Wesen der Nationalsozialisten geschrieben. Dass sie im tiefen Inneren nur auf eine solche Gelegenheit gewartet haben, um die „Bieste" zu entfesseln und ihr freier Lauf zu lassen. „Zweifellos ist der Nationalsozialismus der Inbegriff von Unmoral und Inhumanität" (Bialas & Fritze, 2004, S.24).

„Von einem Handeln, dass sie als unmoralisch ansahen, würden die meisten Menschen zurückschrecken" (ebd.). Wer jedoch definiert das aktuell moralisch richtige oder auch falsche Handeln? Die Nationalsozialisten, um Adolf Hitler, legten neue Maßstäbe an, und das bis dahin in weite unmoralische wurde legitimiert. Das Bild was rechtens und nicht rechtens ist wurde generalüberholt. „Es war den nationalsozialistischen Tätern wichtig, vor sich selbst als anständige, moralisch handelnde Menschen dazustehen" (ebd.). Das eigne Bild wurde gewahrt.

Es fand ein grundlegender Moral- und Wertewandel statt, welcher durch nationalwissenschaftliche Erkenntnisse begründet wurde. Eine entstandene Folge war die Rassenlehre. Sie definiert Begriffe wie „[...] Anstand, Ehre, Treue und Pflicht [...]" (Bialas & Fritze, 2004, S.26) neu, und wurden für ihre eignen Zwecke instrumentalisiert.

„Die moralische Diskriminierung der Juden wurde durch eine selektive Rassenmoral gerechtfertigt" (Bialas & Fritze, 2004, S.29). Nachdem einmal der Grundstein einer veränderten Moral gelegt wurde, konnte durch die Nationalsozialisten ein beliebiges Feind-/ oder Freundbild erschafft werden.

8 Fazit

Trotz der kaum an Abscheulichkeit zu übertreffenden Taten, bedarf es einer vollkommenen Aufarbeitung mit Lehren und Konsequenzen der Taten im „Dritten Reich". So geschieht es auch (oder erst?!) heute noch, dass ehemalige Schutzmänner und Wachposten der Konzentrationslager vor Gericht geführt werden.

Es gilt die Anmaßung an das menschliche Leben, was an Tragik, Inhumanität und Unmoral kaum in Worte zu fassen ist, aufzuarbeiten. Ich habe versucht mittels Komponenten wie Würde, Ideologie, Moral oder auch Selbstverständnis vielseitige Einblicke in das Denken und Handeln der Nationalsozialisten eine erste Klarheit zu schaffen.

Das Thema: „Feindbild Jude" muss neu beleuchtet werden. Der Rassismus wurde in der Form im Nationalsozialismus nicht neu erfunden. Das Judentum galt über Jahrhunderte weg als fremd und nicht wirklich dazugehörend. Tiefgreifende Ansichten im Unterbewusstsein von Teilen der Gesellschaft wurden aufgegriffen.

Hitlers Gedankengut wurde früh genug ersichtlich, es konnte schon am Ende des ersten Weltkrieges belegt werden. So zieht es sich über die Jahre der Weimarer Republik und man muss sich die Frage stellen, was wenn kein Studium, eine Publikation, nationalsozialistische Reden und Auftritte, die bisherigen Staatsoberhäuptern gebraucht haben um die Besinnung Hitlers in den vollen Ausmaßen zu begreifen. Hitler stellt den Menschen als wertvolles Individuum hinten an. Eigene Interessen mit Ideologien, Wertevorstellungen, etc. geraten in den Vordergrund.

Eine mittels Propaganda instrumentalisierte und indoktrinierte Gesellschaft, schloss aus mannigfachen Gründen die Augen und sah zu, wie Ausgeschlossene tiergleich behandelt wurden. Negativ abgegrenzt ist die These, dass der Großteil der Bevölkerung von dem Geschehen um Erholung- und Konzentrationslagern nichts mitbekommen haben will.

Durch die „Erschaffung" des Ariers, wird das Bild vollendet. Er scheint perfekt und fehlerlos zu sein. Alles andere sind Feinde, und dass, wenn sie: ein alternatives Gedankengut vertraten, Erbkrankheiten besitzen, ein nicht normgerechtes Aussehen haben usw.

Abschließend verweise ich auf Art. 1 (1) des Deutschen Grundgesetztes, welches 1949 erlassen wurde: Die Würde des Menschen ist unantastbar. Sie zu achten und zu schützen ist die Verpflichtung aller staatlichen Gewalt.

Literaturverzeichnis

Bavaj, R. (2016). *Der Nationalsozialismus. Entstehung.* Bonn: be.bra verlag.

Bialas, W. & Fritze, L. (2014). *Ideologie und Moral im Nationalsozialismus.* Göttingen: Vandenhoeck & Ruprecht.

De Legarde, P. (1887). *Juden und Indogermanen.* Göttingen: Dietrische Universitätsbuchhandlung.

Dorner, A. (1936). *Mathematik im Dienste der nationalpolitischen Erziehung.* Berlin: Diesterweg- Verlag.

Feder, G. (1935). *Das Programm der NSDAP.* München: Franz Eher Nachf. Verlag.

Hitler, A. (1942). *Mein Kampf.* München: Franz Eher Nachf. Verlag.

Höffe, O. (2008). *Lexikon der Ethik.* München: C.H. Beck.

Kogon, E., Langbein, H. & Rückerl, A. *Nationalsozialistische Massentötungen durch Giftgas.* Frankfurt am Main: S. Fischer Verlag.

o.V. (1935). *Neue Sachkunde für Volksschulen, Teil 3: Naturkunde.* o.O: o.V.

Schneider, G. & Toyka- Seid, C. (2018, 21. November) *Euthanasie.* Abgerufen von: https://www.hanisauland.de/lexikon/e/euthanasie.html

Wirsching, A. (2001). *Deutsche Geschichte im 20. Jahrhundert.* München: C.H. Beck.

Wollstein, G. (2013). *Das >Dritte Reich< 1933-1945.* Darmstadt: WBG.

BEI GRIN MACHT SICH IHR WISSEN BEZAHLT

- Wir veröffentlichen Ihre Hausarbeit, Bachelor- und Masterarbeit

- Ihr eigenes eBook und Buch - weltweit in allen wichtigen Shops

- Verdienen Sie an jedem Verkauf

Jetzt bei www.GRIN.com hochladen und kostenlos publizieren